Mis DE L'Estourbeillon

Député du Morbihan

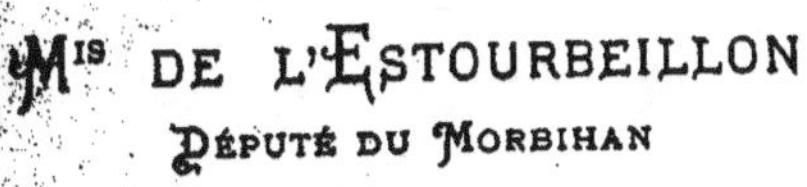

1903

L'UNION RÉGIONALISTE

BRETONNE

ET

l'Avenir des Bretons

AURILLAC

IMPRIMERIE MODERNE

6, rue Guy de Veyre

M^{IS} DE L'ESTOURBEILLON
DÉPUTÉ DU MORBIHAN

L'UNION RÉGIONALISTE

BRETONNE

ET

l'Avenir des Bretons

AURILLAC
IMPRIMERIE MODERNE
6, rue Guy de Veyre

L'UNION RÉGIONALISTE BRETONNE

ET

L'AVENIR DES BRETONS

Il me souvient avoir lu, il y a bien longtemps déjà, dans un vieux chant du pays de Vannes, ces vers dont je fus frappé :

Hon diskourn a hoanté Konzeu
Et lar d'emb e Breih hur tadeu.

Autrefois nos oreilles étaient avides des paroles que nous disaient nos pères en Bretagne.

Or, peut-on dire aujourd'hui que nous ayions tant changé, que les fils d'Arvor étant désormais soucieux, comme disent nos compatriotes du pays Gallo, « des seules choses et nouviautés de France, » nous soyions maintenant devenus indifférents aux faits et gestes de notre chère petite Patrie. Non, mes chers amis, il n'en est point ainsi, le Breton est de tempérammment immuable, et si notre grand poëte Brizeux a pu dire avec raison que :

« Les chansons d'autrefois toujours nous les chantons. »

Nous pouvons ajouter, aujourd'hui, qu'il n'est pas un de nos compatriotes qui ne prête encore une oreille attentive aux récits de ses anciens ou à l'écho qui lui apporte les nouvelles de la terre natale. Il en est ainsi dans la plupart de nos cantons,

à l'école de ces longues veillées qu'a si bien dépeint
le Barde Botrel et que je ne puis résister au désir de
vous redire après lui :

I

Tout à coup, voilà que s'élève
Une tremblante voix de rêve
Qui semble sortir du lit-clos :
Les hommes se taisent, les filles
Ne font plus danser leurs aiguilles.
Non plus les femmes leurs fuseaux.

II

Car celle qui parle est l'Ancêtre !
Son âge ? Elle seule peut-être,
Pourrait le dire désormais :
Ou va, répétant à la ronde
Qu'elle est vieille comme le monde
Et qu'elle ne mourra jamais...

III

Entrez donc ! Les Gueux, les Fermières,
Les Sabotiers, les Lavandières,
Les Matelots et les Tailleurs,
Les rudes sonneurs de bombardes,
Les jeunes Cloërs, les vieux Bardes,
Tous ceux d'ici, tous ceux d'ailleurs !...

IV

Approchez-vous tous de la vieille :
Faites silence ? Ouvrez l'oreille !
Ne remuez plus vos sabots !
Chut ! écoutez bien, petit mousse :
C'est la Bretagne aveugle et douce
Qui nous parle de son lit-clos !

V

> Écoutez !... Puis quand sa voix basse
> Se fera lointaine, très basse,
> Vous parlerez à votre tour :
> Chacun racontera « la sienne »,
> Conte nouveau, légende ancienne,
> *Gwerz* de guerre ou *sônes* d'amour...

Quant à vous, mes chers compatriotes, qui n'êtes pas sans vous sentir parfois, en quelque sorte, exilés dans cette immense cité parisienne, je suis convaincu que ce sentiment est encore demeuré bien plus vivace en vos cœurs.

N'est-ce donc pas répondre à vos désirs que de vous parler encore aujourd'hui de la Bretagne, et particulièrement d'un fait récent qui l'intéresse au premier chef ; d'où peut dépendre son avenir et le nôtre, l'avenir de notre race, et dont tout Breton ne saurait se désintéresser. J'ai nommé l'*Union Régionaliste Bretonne*, créée à Morlaix en 1898, et qui peut devenir pour tous, une force sociale de premier ordre, pour beaucoup, un moyen de salut.

Mais, me direz-vous, qu'est-ce que l'*Union Régionaliste Bretonne* ? Quel est son programme ? Quel est son but ? Je ne saurais mieux vous la définir et vous la dépeindre qu'en vous citant ce que je disais d'elle au mois de septembre dernier, à notre congrès de Lesneven :

« Au moment où semblent même menacés tous
« ces principes essentiels de la loi morale, qui furent
« la base de toutes les sociétés, où toute croyance
« est réputée une tare, tout idéal considéré comme
« une folie, toute fidélité comme une aberration
« mentale, où tant d'esprits anémiés ou desséchés
« par la haine vont jusqu'à renier avec un égal et

« ignoble dédain, *Dieu*, la *Patrie* et la *Liberté*, est-il
« rien de plus doux et de plus réconfortant pour une
« âme bretonne que de revivre, pendant quelques
« jours, de cette vieille fraternité celtique qui nous
« invite à répéter de tout notre cœur, dans une par-
« faite communauté d'idées et de sentiments, le
« vieux cri des anciens : *Breiz da virviken* ! Bretagne
« à jamais !

« Oui ! Bretagne à jamais ! C'est l'expression qui,
« mieux que toute autre, aujourd'hui et dans l'ave-
« nir, résume toutes nos pensées et nos espérances :
« la chère devise qui, comme une lumineuse étoile,
« doit nous guider vers le but, doit inspirer nos actes
« et nos travaux.

« Ce fut là aussi la noble pensée à laquelle obéirent
« nos éminents collègues, fondateurs de l'*Union*
« *Régionaliste Bretonne*, lorsqu'elle naquit à Morlaix,
« il y a 6 ans. — Mais si ces bons ouvriers de la pre-
« mière heure, auxquels on ne saurait trop réserver
« toute sa gratitude, sentaient bien vivement l'im-
« périeux besoin de conserver à la Bretagne son très
« riche patrimoine artistique et littéraire, de faire
« revivre et durer ses traditions et ses légendes,
« peut-être ne soupçonnaient-ils pas l'importance de
« l'œuvre décentralisatrice qui en devait résulter.
« Mais voici que déjà les vrais fils d'Arvor ont songé
« et pu voir qu'après un long sommeil, la Bretagne
« n'était qu'assoupie, que ses fils appartenaient tou-
« jours à ces races fortement trempées, dont la vita-
« lité est assez puissante pour montrer au monde
« qu'elles peuvent avoir une vie propre, s'affirmant
« par un constant attachement à la vieille langue
« nationale, un respect permanent pour les tradi-
« tions religieuses de leurs pères et leurs ressources
« multiples d'organisation économique et sociale.

« Et aux sceptiques gouailleurs qui le voudraient

« contester, est-il de meilleure réponse que les
« succès toujours croissants de nos premiers Con-
« grès ? Antérieurement, notre chère petite Patrie,
« abandonnée à elle-même comme un navire désem-
« paré, sans pilote et sans voiles, privée de toute di-
« rection efficace, ballottée d'écueils en écueils,
« frappée de tous côtés par les coups de ses adver-
« saires ou du sort, semblait ne plus attendre que le
« coup de grâce du vainqueur pour s'éteindre à
« jamais et disparaître du rang des Nations. En vain
« quelques derniers vaillants s'obstinaient-ils à pro-
« clamer dans leurs écrits, l'amour obstiné de nos
« compatriotes pour la chère langue nationale, l'im-
« muable fidélité d'un grand nombre aux usages
« d'autrefois, rien ne semblait ranimer l'antique
« terre d'Arvor, et la pauvre paralytique semblait
« figée à tout jamais dans une léthargie suprême.

« Mais voici que grâce à ces Congrès, sous l'in-
« fluence de ces merveilleuses représentations du
« théâtre populaire agissant sur tous les points du
« territoire et grâce à l'apostolat incessant des Bardes
« de la nouvelle école, nous avons assisté au réveil
« de la Patrie. De toutes parts ont surgi des pléiades
« de poëtes, d'écrivains ou d'historiens bretons pro-
« clamant, dans notre vieille langue, la nécessité
« impérieuse de la rénovation de la race, inspirant à
« chacun une conscience plus nette de sa force et de
« ses devoirs.

« L'étude de la langue bretonne est apparue à
« beaucoup comme une nécessité de tout premier
« ordre. On a compris enfin, suivant l'expression du
« regretté Charles de Gaulle, « qu'une langue ré-
« sume un peuple tout entier ; que rien ne lui
« appartient davantage en propre ». On s'est enfin
« rendu compte « que c'est là le moule qui reçoit
« l'empreinte du caractère distinctif d'une Nation et

« qui, à son tour, imprime peu à peu ce caractère
« aux esprits qui y renferment habituellement leurs
« pensées.

« Et nombre de nos compatriotes se sont mis à
« l'œuvre avec ardeur. Etendant ensuite le domaine
« de leur action, ils ont fait de la plus large décen-
« tralisation, l'objet de leurs préoccupations cons-
« tantes, soucieux de la faire aboutir dans *toutes les*
« *branches de l'activité bretonne.*

« Il n'est certes point douteux que les critiques ou
« les attaques de toutes sortes ne nous manqueront
« point. Mais que nous importe.

Fils d'Ancêtres bretons, pieux, braves, rêveurs,
Sachons rêver, sachons aimer et sachons croire.

« Sachons aussi surtout demeurer nous-mêmes,
« et mettre largement en œuvre ce vieil esprit celti-
« que qui fait vibrer nos âmes, aussi bien si non
« mieux en Bretagne, que dans maintes régions de
« la France où il constitua toujours la meilleure
« partie du tempérament français avant son alté-
« ration par les idées latines. Or, c'est *par la seule*
« *décentralisation que nous récupérerons, non pas*
« *une sorte d'autonomie de fait, qu'il serait aussi chi-*
« *mérique d'espérer que coupable de vouloir, mais*
« *cette autonomie morale, constituée par un respect*
« *plus équitable de nos traditions et de nos libertés,*
« *auquel nous avons d'indéniables droits.*

« Elle est la règle immuable qui a toujours com-
« mandée aux Bretons, leur loyalisme intangible
« envers notre chère grande Patrie, la France, quelles
« que soient les tyranniques mesures qu'elle essaye
« de prendre parfois sans raison contre une de ses
« filles des plus vaillantes et les plus fidèles. Car il ne
« saurait être, pour nous, de plus noble désir que
« de vouloir hautement, en la faisant nôtre, la célé-

« bre d'octrine de l'Américain Monroë : « *La plus*
« *grande Bretagne, dans la plus glorieuse France.* »
    « Ce but, mes chers compatriotes, avec le secours
« de Dieu, nous pouvons l'atteindre et j'ai le ferme
« espoir que nous l'atteindrons. Le Congrès de Les-
« neven verra s'affirmer, plus que jamais, j'en suis
« convaincu, notre immense amour de la petite
« Patrie et notre invincible ardeur à travailler à sa
« sauvegarde. Puissions-nous ensuite regagner nos
« foyers en constatant que si nous le voulons, Breiz
« ne saurait périr : et, répétant avec Brizeux, le
« cher poëte national dont l'auréole centennale sem-
« ble reluire à point pour éclairer le berceau de
« notre rénovation :

    «Non ! nous ne sommes pas les derniers des Bretons!»

    Voilà, mes chers amis, ce que je disais au Congrès
de Lesneven. D'abord, dans la pensée de ses fondateurs, simple société littéraire, destinée à étudier
notre vieille langue nationale, à favoriser ses mani-
festations et sauvegarder quelque peu certaines traditions locales, elle est devenue, par la force des
choses, l'impulsion des circonstances et le réveil de
notre race, une Société *vivante* et *agissante*, une
association qui n'entend point limiter son champ
d'action dans un domaine purement littéraire ou
scientifique, mais une association composée de fils
dévoués et intrépides qui, répondant à l'appel de
notre mère, la Bretagne, au cri de détresse de la
Patrie, ont reconnu et compris, comme je le disais
tout à l'heure, que la vitalité de notre pays est assez
puissante pour montrer au monde qu'il peut avoir
une vie propre, s'affirmant par un constant attachement à la vieille langue nationale, un respect permanent pour les traditions religieuses de leurs pères
et leurs ressources multiples d'organisation écono-

mique et sociale. Telle est l'idée maîtresse qui a présidé à la tenue de nos derniers Congrès, le but que tous les membres de l'Union Régionaliste doivent encore, et plus que jamais, poursuivre sans relâche en Bretagne.

N'est-ce pas vous dire dès lors, Messieurs, combien les questions économiques ont tenu une large part dans nos discussions. En pouvait-il être autrement, du reste, quand nous avions la bonne fortune de posséder parmi nous des décentralisateurs et des économistes distingués comme MM. *Charles Brun, Rousseau, Jean Choleau,* et votre dévoué et distingué directeur M. l'abbé Cadic, qui traita, avec une toute particulière compétence que l'on n'a point oubliée, la question si importante et si actuelle de l'émigration de nos compatriotes bretons. Je fus grandement frappé, pour ma part, des renseignements si précieux et des aperçus nouveaux qu'il voulut bien nous donner sur cette question vitale, qui doit d'autant plus vous intéresser qu'elle est absolument vôtre.

Comme le laboureur qui surveille avec anxiété et amour, les chères abeilles de son rucher, de même notre association, jette plus que jamais, un regard de profonde sollicitude et d'affectueuse inquiétude sur les envolées de nos compatriotes dont la race féconde se disperse de plus en plus dans tous les coins de l'Univers. Que donneront ces essaims ? Seront-ils l'heureuse semence destinée à former au loin, par une agglomération heureuse, par la constitution de nouveaux ruchers fidèles aux traditions laborieuses de la Ruche mère, les glorieux jalons d'un peuplement rêvé ; ou bien, disséminés, épars et sans forces, se verront-ils, après avoir épuisé la mère-patrie, destinés à être absorbés par les hôtes chez lesquels ils se seront implantés, auxquels ils auront demandé asile ? Grave question, plus que jamais brûlante.

Dans la course folle qui fait se mouvoir aujourd'hui les races en tous sens, il importe que la race celtique ne courre pas à l'aventure. Si opprimée qu'elle ait été longtemps ; et peut-être même, parce que cette oppression a laissé assoupies en elle des réserves admirables de force et de vitalité, il faut qu'elle sache profiter de cette heure solennelle et comprenne que c'est là, peut-être, celle que la Providence a marquée et choisie pour son relèvement. Il faut que la tristesse qu'éprouve notre Bretagne, en voyant la quitter, chaque jour, nombre de ses enfants, soit compensée par cette idée que, pionniers infatigables de ses idées et de ses traditions, champions irréductibles de sa langue et de son caractère, ils seront autant de jalons, autant de colonies, fixant son pavillon sur un sol nouveau, proclamant la gloire et la vitalité de la race, et, comme il n'est pas téméraire de croire qu'il y a en ce monde, une justice pour les races comme pour les individus, marchant peut-être à la conquête d'un nouveau monde.

Certes, mes chers amis, ceci peut vous paraître aussi exagéré que paradoxal. Mais veuillez croire qu'il n'en est rien. Et je n'en veux pour preuves que le nombre énorme de ces émigrés Bretons que l'on trouve, non seulement sur tous les points de la France, mais déjà sur tous les continents et en nombre considérable en Amérique, notamment au Canada, qui se montre mieux disposé, ou plutôt, plus empressé à les recevoir. Il existe actuellement plus d'un million de Bretons émigrés, établis sur tous les points du globe. Or, nous constatons avec une profonde tristesse que la plupart sont seuls, isolés, sans appui, condamnés en général, aux situations les plus inférieures ou aux travaux les plus pénibles, sans aucune action personnelle, dans l'impossibilité absolue de faire entendre leur voix ou de se défendre et à plus forte raison, de constituer des agglomérations prospères. Leur départ est venu, presque toujours, affaiblir la Patrie, et, condamnés, presque aussitôt à végéter, ils se traînent misérablement dans la vie, sans profit pour eux-mêmes ou pour leur chère petite Patrie, mais trop souvent au grand profit et bénéfice de ceux qui s'appliquent le plus à les mépriser.

Et pourtant, quelle réserve de force, d'énergie, de courage et de qualités ancestrales chez tous ces hommes, dans toutes ces familles, chez toutes ces jeunes filles que les dures nécessités de la vie ont contraint de quitter le sol natal, la terre bénie où s'écoula leur jeunesse ! Supposez un instant, au contraire, la concentration de toutes ces forces vives, la réunion de tous ces efforts ; nos compatriotes groupés à l'étranger sur un unique territoire, ou sur deux territoires déterminés, formant en quelque sorte des colonies puissantes, une sorte de seconde Patrie, sans cesse à même de venir en aide à notre Bretagne ; supposez surtout, et encore mieux, tous les Bretons de Paris, qui sont plus de 200.000, groupés en une sorte d'immense syndicat ou association, se soutenant les uns les autres, réunis sous cette force invincible, sous ce drapeau sacré de la Tradition que tous, quelles que soient leurs divergences, s'appliqueraient surtout à rendre intangible ; ah ! mes chers compatriotes, est-il téméraire de croire que les ordres ou les volontés d'un tel groupement pourraient peser d'un grand poids sur les destinées de la capitale et peut-être de la France !

Eh bien ! ce sont ces considérations, c'est l'étude de cette situation qui ont frappé notre jeune Association de l'*Union Régionaliste Bretonne*, et dont elle

serait coupable de se désintéresser. Il lui a paru que
sa vaillante sœur de Paris, la Paroisse Bretonne était
admirablement placée pour seconder ses efforts,
pour grouper tous nos compatriotes, sauvegarder
leurs intérêts et leur avenir et créer, grâce au zèle
de son infatigable directeur, M. l'abbé Cadic, en
pleine cité parisienne, cette colonie bretonne que
nous voulons grande et puissante, prête à tendre les
bras à tous nos compatriotes contraints de quitter
leurs villages, et bien décidée désormais à occuper
au soleil de France, une des premières places à laquelle elle a d'incontestables droits.

Mais pour atteindre ce but, pour que l'influence
des Bretons puisse être désormais considérable et
salutaire, il faut, et c'est là la condition absolue, in-
dispensable, comme l'écrivait dernièrement avec
tant de justesse, M. le Mis Gicquel des Touches, que
nos compatriotes gardent, en émigrant, leur langue,
la chère et belle langue nationale, leurs idées et
leurs principes, leur attachement aux traditions et à
la Foi de leurs pères, au lieu de subir les influences
néfastes des milieux où ils sont transplantés. Il faut
avoir le courage de faire fi carrément de tout respect
humain. — Eh quoi! ne sommes-nous pas des hommes?
N'avons-nous pas un passé assez glorieux ? Notre
pays n'a-t-il pas une suffisante réputation de bra-
voure et d'honneur, de vertus ancestrales et de fidélité, qui nous permettent de fouler aux pieds tous
les sarcasmes, de mépriser toutes les injures. Trop
souvent, nos compatriotes, à peine sortis de leur
pays, se laissent empoisonner au contact des déplo-
rables influences qui les entourent ; ils oublient la
foi de leurs ancêtres, leurs pratiques religieuses,
rougissent de leur costume et de leur origine ; et
l'étranger, aussi stupide qu'arrogant, profite de cette
timidité naturelle, de cette résignation coupable,

pour imposer, aux Bretons, sa domination souvent aussi vexatoire qu'humiliante, qui, au bout de quelques mois, les a réduits, pour ainsi dire, à la servitude, et les a noyés dans l'égout collecteur des décadences que nous subissons.

Eh bien, mes chers compatriotes, en poussant aujourd'hui ce cri d'alarme, je viens, au nom de la Bretagne, vous supplier d'unir tous nos efforts pour qu'il n'en soit plus ainsi.

A l'heure où, comme l'écrivait récemment un éminent journaliste, notre terre bretonne, grâce à la persécution qu'elle subit dans sa foi et dans sa langue, apparaît, plus que jamais, comme l'éternelle sacrifiée, comme la pauvre Cendrillon abandonnée au logis patriarcal par l'oligarchie sectaire et démagogique qui nous opprime ; à l'heure où la noble terre d'Arvor n'est plus qu'une vallée de larmes, la côte aride d'un perpétuel calvaire que gravissent, sans se plaindre, avec un courage stoïque, les générations de braves et bons Français qui y sont nés, il est de notre devoir, à tous, de travailler à y mettre un terme, par une organisation fortement constituée, par une union de tous les instants. Ne craignons pas de rester nous-mêmes, quoi qu'il arrive, et de répéter avec notre vaillant poëte Jaffrennou (Taldir) :

Dihun Breiz-Izel, ma mam binniget
Rag an deiz a zo digouezet !

et ne craignons pas surtout de nous appliquer, en la circonstance, ces paroles que Dumas dans sa pièce de « la *Femme de Claude* » appliquait à une autre race :

« On croit que la persécution nous a dispersés ; elle nous a fortifiés et répandus ; et, nous tenant désormais pas la main, nous formons aujourd'hui un filet dans lequel le monde pourrait bien se trouver pris le jour où il lui viendrait à l'idée de nous être particulièrement hostile, ou de se déclarer ingrat ».

Les Races fortes ne meurent jamais ! *Breiz da virviken !*

Conférence faite à la Paroisse Bretonne de Paris par M. de L'Estourbeillon, député du Morbihan, le 6 décembre 1903.

Aurillac, imp. Moderne, 6 rue Guy de Veyre

www.ingramcontent.com/pod-product-compliance
Lightning Source LLC
LaVergne TN
LVHW010915180726
843502LV00010B/4136